Techniques et méthodes d'apprentissage dans les études

Comment apprendre plus vite, mieux mémoriser et obtenir les meilleures notes en toute sérénité grâce à des stratégies d'apprentissage efficaces et une gestion du temps parfaite.

Lukas Glaser

CONTENU

Ce qui vous attend dans ce livre

Vous êtes sur le point de commencer vos études et rien que d'y penser, vous ressentez à la fois de l'impatience et une bonne dose d'accablement progressif ? Vous venez de commencer et vous avez besoin d'un guide pour concilier au mieux vos études et votre temps libre ? Vous souhaitez depuis longtemps prendre un nouveau départ parce que le cycle récurrent de la motivation, de la procrastination et de l'apprentissage par le stress vous épuise ? Vous ne savez même plus quel est votre véritable problème et comment vous pouvez l'aborder ? Ne désespérez pas encore, car les connaissances que vous allez acquérir dans ce livre peuvent bouleverser toutes vos études.

Ce livre aborde étape par étape les problèmes qui se dressent entre vous et une meilleure réussite dans vos études. En commençant par votre perspective de base, votre motivation et votre procrastination, vous apprendrez à mettre en place une routine adaptée à vos besoins et à vous protéger d'une boulimie soudaine d'apprentissage. Des explications sur votre structure interne et externe vous aideront à identifier vos difficultés d'organisation et de gestion du temps et à y remédier. Des conseils sur la manière d'augmenter votre attention pendant les cours ou de travailler plus efficacement seul à la maison vous permettront d'avoir une vie quotidienne équilibrée, sans négliger vos hobbies. Des stratégies pour simplifier l'apprentissage et la restitution des contenus et pour réviser efficacement les textes vous donnent des solutions concrètes et applicables.

Enfin, vous trouverez dans ce livre un plan en dix points que vous pouvez appliquer immédiatement, ainsi qu'une liste de lectures recommandées si vous souhaitez approfondir certains sujets. Vous découvrirez ainsi qu'il n'est pas nécessaire de travailler plus dur, mais qu'il suffit en grande partie de travailler plus intelligemment.

Problèmes fréquents dans la vie quotidienne des étudiants

Dans la vie quotidienne d'un étudiant, les problèmes peuvent être variés, mais ce sont toujours les mêmes qui reviennent : manque de motivation, manque d'organisation, préparation chaotique des examens et difficultés à assimiler les matières enseignées. Nous allons donc aborder ici la motivation et la procrastination, la création de structures et la gestion du temps, ainsi que différentes stratégies de travail et d'apprentissage.

TROP PEU DE MOTIVATION ET TROP DE PROCRASTINATION

Motivation

Au début était la motivation. Ou peut-être : au début était le désir de motivation ? Le programme d'études est choisi, vous vous installez dans votre appartement en colocation et vous avez peut-être déjà une idée générale de ce qui vous attend après votre diplôme. Plein d'énergie, vous vous mettez au travail au premier semestre - et il y a tant de choses à découvrir ! Le campus de l'université, le format des cours, les enseignants, les camarades de classe et, en fin de compte, une nouvelle vie.

Mais petit à petit, des signes d'usure apparaissent. Que ce soit pendant les révisions pour les premiers examens ou plus tard dans le semestre, il devient de plus en plus évident que cette nouvelle vie implique une grande part de responsabilité personnelle. Alors qu'à l'époque de l'école, il y avait un emploi du temps fixe, des devoirs précis à faire et que l'on avait généralement assez de temps pour rencontrer des amis ou pour d'autres activités de loisirs, maintenant les révisions ne se font pas toutes seules, les colocataires* demandent de l'attention et on voulait faire du sport depuis longtemps. Qui a le temps de rédiger des textes supplémentaires, d'assurer le suivi ou d'assurer des heures de consultation ?

Pendant encore quelques semaines et quelques mois, vous essayez de tout jongler, et quelques balles tombent régulièrement par terre, jusqu'à ce que vous finissiez par vous demander pourquoi vous vous êtes donné tant de mal. L'anticipation, la soif de connaissances et la vision inspirante de la profession ont disparu. Ils ont été remplacés par un quotidien où l'on travaille et où l'on espère que rien ni personne ne sera négligé. Alors, comment retrouver la motivation du début ?

Trouver la motivation

Comme pour beaucoup d'autres choses, le premier pas pour sortir d'une situation bloquée - quelle qu'elle soit - est le premier pas. Il faut que quelque chose change. Mais quoi seulement ? C'est précisément ce dont vous devez prendre conscience. Comment vous sentez-vous lorsque vous pensez à vos études ? Quelle idée vous vient à l'esprit concernant les loisirs ? Quel que soit le point de départ, essayez de vous écouter ouvertement et honnêtement et prenez en compte les premières impulsions qui vous viennent. Vous pouvez bien sûr faire cela en parlant avec une personne proche. Vous pouvez également consigner vos pensées et vos sentiments par écrit, de manière ordonnée ou non. Vous pouvez également utiliser des cartes heuristiques si vous avez plusieurs problèmes en tête.

Il s'agit maintenant d'agir le plus rapidement possible. Jusqu'ici, vous aviez pris l'habitude d'une routine et il est tout à fait humain que la rupture avec celle-ci se heurte à une réticence interne. Ce n'est pas nécessairement parce que vous n'êtes pas convaincu que quelque chose doit changer, mais simplement parce que le cerveau humain aime les habitudes. La nouveauté implique donc toujours un certain effort. Parfois, nous le remarquons à peine. Nous voyons un beau film de danse, nous sommes impressionnés et nous nous inscrivons à un cours dès le lendemain.

Pourquoi est-ce si facile ? Parce qu'ici, l'énergie d'activation est venue de l'inspiration. C'est précisément cette énergie qui doit être conservée et utilisée en réagissant le plus rapidement possible à l'une de vos impulsions. Si vous ne le faites pas, il est de plus en plus probable que l'idée de changement s'enfonce de plus en plus dans votre subconscient et devienne ce que vous devriez peut-être faire à un moment donné, si vous n'avez rien d'autre à faire. Donc jamais.

C'est pourquoi : Soyez à l'écoute de vous-même, prenez conscience de ce que vous voulez faire et réagissez le plus rapidement possible. Restez aussi concret que possible. Par exemple, si vous vous rendez compte que vous n'arrivez pas à suivre un séminaire parce que le professeur s'appuie toujours sur des concepts issus de la littérature secondaire que vous ne connaissez pas, prenez la résolution de lire au moins un de ces textes avant chaque séminaire et notez-le immédiatement dans votre planning. S'il n'y a pas de liste de lecture officielle, notez que vous la demanderez avant la prochaine session - ou mieux encore, écrivez immédiatement un bref e-mail à l'enseignant. Une fois que vous avez un objectif concret et que vous avez l'énergie d'activation nécessaire, la pierre se met à rouler toute seule.

Les informations et le soutien nécessaires à la réalisation de votre objectif se trouveront bientôt comme par magie dans les livres de la bibliothèque universitaire, les vidéos explicatives et les guides sur Internet ou auprès des personnes de votre entourage. La clé de la motivation est la réponse aux stimuli.

Maintenir la motivation ?

Mais la motivation ne suffit pas à long terme. Bien que la phrase "Je n'arrive pas à me motiver pour étudier régulièrement" soit souvent entendue, elle décrit en fait un problème qui n'a pas grand-chose à voir avec la motivation. L'impulsion et l'objectif sont là, et des mesures ont probablement déjà été prises pour consulter plus souvent les notes et ne pas commencer à réviser quelques jours avant les examens, mais ce qui fait défaut, c'est d'intégrer tout cela dans la vie quotidienne. Il n'y a pas de routine.

La motivation est certes bonne pour donner une direction, mais elle n'aide qu'à court terme. Comme nous l'avons déjà décrit, le cerveau préfère prendre le chemin le plus facile plutôt que le plus difficile lorsqu'il est confronté à un choix. La loi du moindre effort et de la moindre résistance s'applique. Cela signifie que cette tendance à la facilité doit toujours être activement surmontée si l'on ne compte que sur la motivation. L'énergie mentale et la volonté doivent être constamment rassemblées pour ne pas s'écarter du projet initial. Mais cela consomme énormément d'énergie au fil du temps et l'on se rend vite compte que l'on retombe dans ses vieilles habitudes. Les notes sont rangées après le cours et ne sont ressorties qu'à la prochaine séance.

Ce phénomène est comparable à celui que l'on observe chaque année dans les salles de sport. Au Nouvel An, de nombreuses personnes décident de mener une vie plus saine et de faire plus de sport. Très motivés pour atteindre la silhouette de leurs rêves d'ici l'été, ils s'inscrivent à la salle et suivent autant de cours que possible. Mais dès la fin du printemps, vous recevez des résiliations de contrat. Tout changer d'un coup est plus difficile que prévu et ne peut pas être réalisé d'un simple claquement de doigts.

Alors, comment utiliser la motivation initiale et comment réussir le changement au quotidien ? En répondant à la décision de changer quelque chose, en intégrant également le chemin à suivre dans la vie quotidienne et en l'établissant comme norme. En d'autres termes, il faut créer de nouvelles habitudes. C'est la seule façon de libérer le cerveau de la décision de faire quelque chose de désagréable au départ, afin que cela puisse se faire automatiquement.

Quel est donc le chemin à suivre pour passer de la motivation à la réalisation d'objectifs personnels en passant par les habitudes ? Voici un plan étape par étape :

1. Observez votre quotidien et intégrez votre

changement de manière réaliste. Par exemple, si vous voulez étudier davantage pour un cours spécifique, réfléchissez aux jours de la semaine où vous avez vraiment le temps de le faire. De cette manière, vous permettez à votre projet de devenir une habitude et vous ne courez pas le risque qu'il doive éviter d'autres choses importantes qui ont également leur place dans votre vie quotidienne.

2. Commencez petit. Il n'y a pas de meilleur moyen que de se laisser déborder. Commencez donc par faire des petits pas. Vous avez un après-midi par semaine pour réviser vos cours ? C'est parfait ! Prenez la décision d'étudier une demi-heure chaque semaine ce jour-là. Vous pourrez ainsi commencer à travailler immédiatement sur votre objectif sans que cela ne soit trop lourd pour vous dès le début. Néanmoins, vous avez le pied dans la porte, métaphoriquement. Cela vous permet de vous habituer progressivement au changement. Au fil du temps, vous pourrez construire progressivement. Si vous constatez qu'il est facile pour vous de vous asseoir pour étudier pendant une demi-heure chaque semaine, passez à l'étape suivante. Construisez votre nouvelle habitude progressivement, en commençant par exemple par consulter vos notes pendant trois quarts d'heure.

3. Faites en sorte que le changement soit aussi facile que possible. En plus de l'approche séquentielle, vous devez essayer d'éliminer les tensions liées au changement à venir. Le meilleur moyen d'y parvenir est d'adapter et de préparer ce qui concerne la nouvelle habitude. La demi-heure d'étude est prévue ? Veillez à ce que vos notes soient bien rangées et organisées. Ayez un espace de travail bien rangé et adapté à vos besoins. Supprimez les distractions telles que les notifications de votre téléphone portable, les bruits gênants ou les onglets ouverts sur des vidéos que vous préféreriez regarder plutôt que de faire votre travail.

4. Attendez-vous à des difficultés. Il est normal de rencontrer des problèmes, voire des échecs, lorsque l'on se consacre à quelque chose de nouveau. Il en va de même pour le développement d'habitudes. Acceptez que des erreurs et des faillites puissent vous arriver et ne les laissez pas vous déstabiliser si elles se produisent effectivement. N'abandonnez pas si, après quelques semaines, vous n'avez pas pu étudier l'après-midi. N'oubliez pas que les progrès sont un processus et qu'ils doivent donc se construire. Respirez, réfléchissez à l'erreur, à la manière dont elle s'est produite et tirez-en les leçons. Peut-être en tirerez-vous la conséquence de consacrer tout de même dix minutes à vos notes ce

jour-là, le soir. Sortir de ce genre de situation sans tout laisser tomber immédiatement vous rendra plus fort à long terme.

Procrastination

La procrastination est le processus par lequel on sait très clairement ce que l'on doit faire, mais où l'on repousse d'autres tâches ou activités.

Elles sont accompagnées d'excuses et d'explications fallacieuses. Je ne peux pas commencer à étudier comme ça. Il y a encore des vêtements non lavés partout. Si c'est mieux rangé, ce sera plus facile pour moi. Et puis, j'ai tout l'après-midi pour commencer. Je trouverai bien une demi-heure plus tard". Malheureusement, c'est bien connu, elle ne se trouve finalement pas, ou seulement de manière forcée, au prix d'efforts considérables qui auraient dû être évités et d'un sentiment de culpabilité parce qu'on aurait pu commencer plus tôt.

La procrastination est bien connue et tout le monde en a probablement déjà fait l'expérience. Mais contrairement à l'idée reçue selon laquelle la procrastination est due à une simple paresse ou à un manque d'envie, il s'agit en fait d'une manœuvre d'évitement. La plupart du temps, nous procrastinons lorsque nous sommes tout simplement dépassés par la tâche qui nous attend, et il est possible d'y remédier.

Tout d'abord, vous devriez travailler à prendre **conscience** que vous procrastinez et quand vous le faites. Écoutez ce que vous avez à dire et reconnaissez que vos excuses sont logiques, mais qu'elles ne justifient pas le fait de s'écarter du plan initial.

Observez les tâches pour lesquelles vous commencez à procrastiner et réfléchissez à la raison de cette procrastination. Le surmenage peut avoir différentes raisons, mais il est essentiellement dû au fait que la tâche à laquelle vous vouliez vous atteler est trop importante. Étudier une demi-heure complète cet après-midi ne semble pas réalisable. **Par conséquent, concrétisez et réduisez vos objectifs** pour la prochaine fois. Dites-vous plutôt : "Je vais revoir mes notes de la dernière session du séminaire pendant un quart d'heure cet après-midi à 15 heures".

Essayez ensuite de **vous débarrasser de** tout **sentiment de culpabilité** naissant. Acceptez votre petit échec temporaire, pardonnez-vous et continuez. Vous n'êtes pas moins fait pour vos tâches simplement parce qu'elles vous ont semblé trop grandes et que votre cerveau a réagi de manière tout à fait humaine en les évitant. **Créez un momentum**. D'accord, vous auriez peut-être voulu commencer à réviser il y a une heure, mais rien ne vous empêche de vous y mettre tout de suite et d'en faire au moins un peu.

Une fois que vous avez commencé, il vous sera beaucoup plus facile de vous y tenir et éventuellement de terminer la tâche avant vous. Il en va de même pour les blocages dus à une trop grande rumination. Essayez de ne pas trop réfléchir avant de vous demander si vous avez tous les outils nécessaires pour accomplir la tâche, et ne vous laissez pas aller au doute et aux questions sur la meilleure façon de commencer. Dans ce cas, quelque chose est mieux que rien et peut toujours être révisé après coup.

De même, si vous savez que vous remettez à plus tard quelque chose parce que vous trouvez cela difficile. Commencez délibérément à **travailler sur ce qui est difficile en premier**. Mettez-vous à la tâche et faites au moins quelque chose, vous faciliterez ainsi le fait de recommencer plus tard et vous vous arrêterez lorsque vous aurez besoin d'une pause. C'est au début de votre phase de travail que vous avez le plus d'énergie. De plus, vous savez qu'ensuite, les autres tâches ne peuvent que devenir plus faciles.

Enfin, un **paquet d'énergie** préparé à l'avance peut également vous aider à sortir de la routine de la procrastination. Rassemblez quelques objets qui vous inspirent et vous rappellent pourquoi vous devez parfois faire face à des problèmes plus désagréables sur votre chemin. Il peut s'agir d'un tableau avec de belles photos sur le sujet, d'icônes pratiques qui représentent votre objectif, de textes motivants ou de films stimulants. Vous n'avez aucune limite !

TROP DE CHAOS

Vous avez maintenant appris ce dont vous avez besoin pour vous mettre au travail. Vous êtes prêt à commencer, mais vous devez également réfléchir à vos conditions extérieures pour réussir vos études. C'est pourquoi ce chapitre traite de l'organisation d'un espace de travail approprié et de la structuration de vos habitudes.

L'ordre sur le lieu de travail

Vous avez déjà entendu parler de la procrastination en tant que symptôme du surmenage. Il n'est donc pas surprenant qu'un environnement confus puisse également ment nous pousser à travailler moins efficacement, voire à ne pas nous mettre au travail du tout. Un espace de travail ordonné est donc essentiel pour vous. Cela ne signifie pas qu'il doit être aménagé de manière minimaliste, être d'une propreté clinique ou être toujours au même endroit. Essayez les suggestions suivantes et adaptez-les à vos besoins personnels.

Votre espace de travail doit être **organisé** et maintenu aussi **propre** que possible. Il n'y a rien de plus facile que de s'occuper de feuilles de papier ou de miettes de gâteau qui traînent, alors que vous devriez être en train de lire ce chapitre important. Les câbles de l'ordinateur portable ou de l'ordinateur ne doivent pas s'entremêler sur la table et laissez suffisamment de place pour le matériel avec lequel vous allez travailler. Il est également utile de penser à l'emplacement exact de vos appareils techniques, afin de pouvoir les utiliser en même temps qu'un carnet de notes sans rencontrer de problèmes d'espace.

Le lieu doit créer une **atmosphère agréable** pour vous, de sorte que vous n'ayez pas envie de faire vos tâches simplement parce que vous vous sentez mal à l'aise. Soyez créatif.

Avez-vous rapidement froid aux pieds et souhaitez-vous mettre un tapis moelleux sous vos pieds ? Vous aimez certaines odeurs et pensez à une bougie parfumée ? Il n'y a pas de limites. Il est également utile d'avoir un peu de votre bagage énergétique personnel dans le champ visuel comme **source d'inspiration**. Cela peut se faire par exemple via un mur de photos.

Vous devez également avoir tout ce dont vous avez besoin à portée de **main** afin d'interrompre le moins possible votre flux de travail. Cela inclut donc non seulement votre agenda, vos livres, vos notes et votre matériel d'écriture, mais aussi quelque chose à boire, éventuellement un en-cas ou des mouchoirs si vous êtes au printemps et souffrez du rhume des foins. Vous devez également avoir un **aperçu** de ce que vous voulez faire, que ce soit un agenda, un grand calendrier ou une liste de choses à faire.

Le dernier point important est d'**éliminer les distractions**. Évitez d'être interrompu par des notifications et des discussions de groupe et mettez votre téléphone de côté. Mettez vos appareils technologiques en mode avion aussi souvent que possible. Veillez également à ce que la lumière soit bonne, soit en vous asseyant près d'une fenêtre, soit en installant une lampe de bureau, même en complément.

Enfin, les bruits autour de vous peuvent également être distrayants. Expérimentez le bruit blanc ou le bruit de fond, la musique instrumentale ou d'ambiance pour vous aider à vous concentrer et à vous focaliser. Si vous choisissez toujours le même accompagnement, cela peut avoir l'avantage supplémentaire que la musique fonctionne pour vous comme un déclencheur de la phase de travail. Seules les musiques à fort contenu textuel ou celles qui vous incitent à bouger sont à éviter et à réserver pour les pauses. Faites des essais !

Rester longtemps assis n'est pas bon pour les personnes et leur concentration. Veillez donc à aménager votre poste de travail de la **manière** la plus **ergonomique** possible. Pour ce faire, commencez par régler votre chaise. En position assise, vos avant-bras doivent reposer sur le plateau de la table, sans que le poids ne soit trop important. La souris et le clavier doivent être placés là où vos mains atterrissent automatiquement. Si vos genoux sont pliés à plus de 90 degrés, utilisez un repose-pieds, une pile de papier ou des livres pour vous aider à rester assis.

Ensuite, il s'agit de votre écran. Celui-ci doit se trouver à une longueur de bras de votre corps, de sorte que vous puissiez lire sans effort ce qui est affiché à l'écran. Le bord supérieur de l'écran doit également se trouver à la hauteur de vos yeux. Là encore, différents objets peuvent être utilisés pour y parvenir. Il existe des supports spéciaux pour ordinateurs portables qui permettent de ranger la souris et le clavier externes indispensables si vous ne les utilisez pas, mais qui doivent rester en place.

Si vous travaillez sur deux moniteurs et que l'un

d'eux est le moniteur principal, placez-le directement devant vous. Si les deux sont utilisés indifféremment, ils doivent être connectés l'un à l'autre juste devant vous et placés légèrement de biais.

Enfin, un certain **ordre** doit régner **dans votre espace de travail numérique**.

Veillez à ce que votre bureau soit aussi vide que possible. Créez une structure de dossiers logique et tenez-vous-y. Cela inclut également le nommage précis des fichiers. Classez dans cette structure tous les programmes, dossiers et fichiers dont vous n'avez pas nécessairement besoin sur votre écran d'accueil. Essayez également de faire le ménage une fois par semaine dans votre dossier de téléchargement, de vider la corbeille et de consulter votre boîte de réception électronique. Vous devriez également vous désabonner de toutes les newsletters et publicités dont vous n'avez plus besoin.

Il est également conseillé de sauvegarder régulièrement votre disque dur, soit sur un cloud, soit sur un disque dur externe. Là encore, une fois par semaine est un bon rythme. Enfin, il reste à passer en revue les signets de votre navigateur environ une fois par mois et, là aussi, à éliminer ceux qui sont inutiles.

Une tête bien rangée

Un lieu de travail bien rangé est sans doute l'une des premières choses qui donnent une structure.

Cependant, il est encore plus important que vous sachiez exactement où vous voulez aller et comment vous voulez y arriver. C'est pourquoi la section suivante est consacrée à la préparation systématique de vos tâches. Il faut tenir compte de ce qui a été dit précédemment : Les plans et les processus ne doivent pas seulement fonctionner de temps en temps ou pendant quelques jours. Ce que vous recherchez, c'est un processus qui vous convienne et qui crée des habitudes. Essayez donc les conseils suivants et analysez ce qui fonctionne pour vous et les points que vous souhaitez éventuellement modifier.

Dans l'ensemble, la constance et la régularité vous aident donc. Ces deux éléments peuvent être obtenus en gardant **une vue d'ensemble de** ce qui doit être fait. Pour cela, vous pouvez utiliser des planificateurs, des carnets de notes, des calendriers ou des notes adhésives. Les plans de travail et d'apprentissage, les cartes mentales ou les listes permettent d'avoir une vue d'ensemble. Essayez également de planifier **des répétitions de** manière appropriée dans votre vie quotidienne. Celles-ci vous permettront de faire face plus facilement à vos tâches. Nous allons maintenant voir comment elles peuvent se présenter.

Le plan de travail réaliste

Dans la recherche d'habitudes et de routines qui ne nécessitent pas de réflexion ni de décision, il est difficile d'éviter un plan de travail. La première chose à faire est de créer une vue d'ensemble de la semaine.

La première chose à faire est d'y noter tous les rendez-vous fixes : les cours, les activités de loisirs ou les services de nettoyage de la colocation. Les particularités telles que les visites chez le médecin ou la fête d'anniversaire du meilleur ami doivent également y figurer - en principe, tout ce qui n'est pas négociable. Si l'emploi du temps de la semaine est déjà complètement épuisé, il faut malheureusement céder un peu de temps. Si c'est le cas pour chaque semaine, il est judicieux de réfléchir à la possibilité de suivre moins de modules.

Une fois ces blocs mis en place, il faut penser à se reposer. Il s'agit de petites pauses dans la journée et, si possible, d'un ou deux jours par semaine pendant lesquels vous ne vous occupez pas du tout de l'université ou de la matière à étudier. Enfin, des périodes d'auto-apprentissage et des périodes tampons sont prévues au cas où quelque chose prendrait plus de temps ou au cas où vous auriez besoin de plus de temps pour les examens. Ces périodes tampons peuvent également se transformer en temps libre si tout est déjà fait.

Lors de la répartition des blocs de travail, il est nécessaire de savoir à quel moment de la journée se situent les phases de productivité personnelle et combien de temps elles peuvent durer. Personne n'est aidé si vous commencez à lire des textes à sept heures du matin, mais que vous êtes déjà tellement fatigué avant midi que vous ne pouvez rien faire d'autre pendant le reste de la journée.

Il en va de même pour la durée du travail. Il est donc judicieux de se fixer des heures de début et de fin de travail et de traiter ainsi les études comme un métier. Observez-vous et évaluez de manière réaliste votre niveau d'énergie - et si vous constatez après quelques semaines que le nouveau rythme ne vous convient pas tout à fait, vous pouvez toujours le modifier ou l'adapter. Procédez par étapes.

Maintenant que les dates de vos blocs d'auto-apprentissage sont fixées, il s'agit de planifier le contenu de ces périodes de travail en autonomie.

Un grand bloc doit être divisé en plusieurs petites unités d'environ une demi-heure, séparées par des pauses. Cela favorise à la longue la capacité de concentration. De plus, les unités doivent se succéder autant que possible, tant par leur contenu que par la manière de travailler, afin d'éviter l'ennui. Procédez donc de manière à utiliser le mode de pensée dit SMART[1] . Lors de la planification des unités, posez-vous les questions suivantes afin de savoir exactement à quoi vous voulez vous consacrer :

• Qu'est-ce que je veux faire exactement ? Où vais-je travailler ? Comment vais-je commencer ? De quels matériaux vais-je avoir besoin ?

• Comment saurai-je quand j'aurai terminé, par exemple parce que j'aurai tout compris ? Y a-t-il des possibilités telles que des exercices, des tests, des interrogations par un* camarade* ou ? Puis-je expliquer ce que j'ai appris à quelqu'un ?

• Suis-je vraiment prêt(e) à travailler dans le temps imparti, ou y a-t-il autre chose de plus important à ce moment-là ? Est-ce que je vais mettre de côté mon manque d'envie de faire quelque chose ?

• De combien de temps ai-je réellement besoin pour

Cf. Charles Duhigg : Plus intelligent, plus rapide, meilleur. Pourquoi certaines personnes en font autant - et d'autres pas. Munich, Allemagne : Redline Verlag 2017, p. 128 et suivantes.

accomplir mes tâches ? Le temps que je me suis fixé sera-t-il suffisant ? Est-il raisonnable pour moi de travailler à ce moment de la journée ?

• Comment le bloc est-il réparti dans le temps ? Quand commence-t-il ? Quand se termine-t-il ? Quand y aura-t-il des pauses ?

La liste parfaite des choses à faire

L'élaboration d'un plan de travail et la planification concrète des différentes unités s'accompagnent naturellement de la question de savoir ce qui doit être fait. Il n'est pas utile d'avoir un tas de notes sur lesquelles on a écrit des tâches par mots-clés, dont la moitié ne sont plus du tout claires. Il est préférable de **dresser** une grande **liste de toutes** les choses à faire, qu'il s'agisse d'un exercice à revoir, de la recherche d'un terme que le professeur n'explique jamais, de l'appel au BAföG ou du visionnage de la série que l'on vous a recommandée pour la centième fois : Tout peut être noté. La forme peut également varier, des points clés à la carte mentale, avec des marques de couleur différentes et des soulignements ou non. Si cela n'a pas été fait lors de la première écriture, tous les grands objectifs doivent être divisés en **petites tâches afin de** voir quelles étapes se cachent réellement derrière les points.

Cette liste globale et ses points de tâches peuvent ensuite être utilisés pour **concrétiser** le **plan hebdomadaire** correspondant. Pour cela, il est utile de choisir par exemple trois points **prioritaires** et de les marquer. Qu'est-ce qui doit absolument être terminé cette semaine et qui ne peut pas attendre la semaine prochaine ? Qu'est-ce qui demande le plus d'énergie et qui devrait donc être fait en premier ?

Quelles sont les tâches qui ont une grande valeur personnelle, par exemple parce que d'autres personnes dépendent également de leur réalisation ? L'accent doit être mis sur ces trois actions. La liste globale doit maintenant être **évaluée et mise à jour régulièrement**, ce qui peut également être intégré dans l'emploi du temps hebdomadaire. C'est une bonne occasion de vous féliciter pour les choses que vous avez faites et de vous demander pourquoi d'autres sont toujours laissées de côté. Y a-t-il un point qui n'est jamais une priorité ?

Peut-être n'est-il finalement pas si pertinent et peut-il être supprimé ? Cela fait des semaines que vous voulez écrire ce courriel à votre professeur, mais vous n'avez jamais su comment le formuler et n'avez donc pas osé le faire ? Pour ce genre de problèmes, il est préférable soit de demander de l'aide pour la réalisation -

après tout, le professeur ne saura pas à la fin si l'e-mail a été relu par un ami - soit de planifier le tout pour le lendemain avec la priorité la plus élevée - ou les deux à la fois.

La préparation à l'examen sans stress
Une telle liste globale d'objectifs partiels peut également être utilisée pour la préparation de l'examen. Dès que la date de l'examen est annoncée, la préparation à l'examen doit commencer, du moins lentement. La date peut être notée dans le planning et **planifiée à l'envers** à partir de là. La date limite de révision doit être fixée de manière généreuse afin d'avoir suffisamment de marge de manœuvre en cas d'imprévu, comme une semaine où vous n'avez pas pu sortir du lit à cause d'un rhume.

Dans ce cas, il convient de clarifier le plus rapidement possible ce qui fait partie de la **matière d'examen.** Pour cela, il est utile de se rendre au bureau de l'enseignant. Il est également utile de savoir de quelle manière les connaissances seront interrogées plus tard. Faut-il répondre à des questions courtes ? Y a-t-il des questions à choix multiples ? Y aura-t-il une dissertation ? Des preuves doivent-elles être fournies ? Tout cela peut et doit influencer la manière dont vous vous préparez à l'examen.

Afin d'élaborer un plan d'apprentissage précis, vous devez établir un **aperçu de tous les blocs de sujets pertinents**. Cela comprend les grands thèmes, les noms des concepts clés et parfois même les faits et formules clés dont vous aurez besoin. Si vous avez de la chance, des tutoriels sont proposés pour vous permettre d'obtenir cette vue d'ensemble ou elle fait déjà partie du matériel pédagogique. Si ce n'est pas le cas, vous pouvez soit le construire vous-même à partir de vos notes, soit faire des recherches sur Internet ou dans des livres.

En particulier pour les modules de base, il est relativement probable que les mêmes sujets soient abordés dans différentes universités et événements, vous pouvez donc utiliser cet aperçu comme base pour le vôtre et l'adapter.

Réfléchissez aux **étapes** nécessaires pour préparer les sujets pertinents pour l'examen en question et son mode d'interrogation. Devez-vous réviser et classer vos notes ? Devez-vous réviser un ouvrage secondaire ? Faut-il prendre des notes supplémentaires ? Comment allez-vous réviser la matière ? Y a-t-il des exercices d'entraînement ? Y a-t-il des examens blancs ? Y a-t-il une possibilité de correction commune ou de révision dans le cadre d'un tutorat ou entre camarades de classe ?

Enfin, établissez un **plan d'apprentissage** à partir de votre aperçu des sujets. Définissez un objectif hebdomadaire qui est votre priorité absolue. Alternez autant que possible les sujets faciles et difficiles et déterminez à partir de quand vous voulez vraiment étudier tel ou tel sujet de manière intensive. Suivez votre plan d'apprentissage et vérifiez chaque jour où vous en êtes afin de pouvoir éventuellement l'adapter.

TROP DE CHOSES A RETENIR

Vous êtes motivé, vous avez établi une routine et aménagé un espace de travail. Et maintenant, que faire ? Que peut-on faire exactement pour vous aider à mieux réussir vos études ? Dans ce chapitre, vous apprendrez à travailler plus efficacement dans les cours et dans le suivi autonome, de sorte que vous aurez bientôt moins de problèmes dans votre vie universitaire et dans la préparation des examens.

De l'enseignement ...

Commençons par les cours magistraux, les séminaires et les exercices : Douze années d'horaires fixes et d'enseignement frontal, habituent à considérer la situation d'enseignement-apprentissage plutôt comme un mal nécessaire avant le temps libre de l'après-midi.

Certains contenus peuvent être intéressants, mais dans l'ensemble, vous attendez plutôt passivement de rentrer chez vous pour vous adonner à des activités plus agréables. Vous pouvez faire quelques devoirs à la maison et réviser un ou deux jours avant l'examen.

Cela ne peut - malheureusement - pas continuer ainsi à l'université. Considérez vos études pour ce qu'elles sont : Votre activité principale. Les **études doivent** être **traitées comme votre profession**, car ce n'est qu'ainsi que vous leur accorderez suffisamment d'importance, et donc à vous-même. Il n'est pas nécessaire d'en faire trop et d'envisager une semaine de 40 heures ou d'en faire encore plus, mais vous devez comprendre que si vous vous contentez de quelques heures de bavardage verbal par semaine, vous ne pourrez plus suivre le rythme, et vous n'avez pas choisi votre cursus pour rien ! Alors, prenez-le au sérieux et acceptez les étapes nécessaires qui en découlent. Apprenez à prendre des décisions nécessaires et sensées, et à mettre parfois de côté le manque d'enthousiasme ou des activités plus amusantes.

Cela implique tout d'abord d'**augmenter** votre **attention et votre activité pendant les cours**. Une astuce simple consiste à se placer le plus loin possible devant le professeur et dans son champ visuel. Cela semble trop simple pour être vrai, mais cela vous permettra d'être plus visible si vous vous occupez de quelque chose comme le dernier chat de groupe.

Même si vous n'êtes pas invité à le faire, vous pourrez ainsi éviter de telles distractions. De plus, les enseignants peuvent interagir plus facilement avec vous, de sorte que vous participerez plus activement, ne serait-ce qu'en jetant quelques regards vers ce qui est dit. D'ailleurs, une alternative pour les cours en ligne à domicile serait d'allumer votre caméra en permanence. Cela crée un meilleur climat social et vos réactions permettent à l'enseignant de savoir plus rapidement si vous n'avez pas compris quelque chose ou si vous souhaitez faire une remarque. Les conversations sont également beaucoup plus fluides.

Cela signifie que vous devez **apprendre à connaître** vos **professeurs dans une certaine mesure**. Il ne s'agit pas de les suivre partout, non. Cependant, il est utile d'avoir une certaine relation. Si le professeur vous connaît, vous ferez automatiquement plus d'efforts, car cela crée une certaine attente à laquelle vous voulez répondre.

Vous vous débarrasserez du sentiment de n'avoir rien à voir avec la personne en face de vous, et le cours et votre comportement autour de lui deviendront pour vous une chose qui vous concerne personnellement. Sur le plan professionnel, il est également conseillé de jeter un coup d'œil rapide sur ce que vos professeurs traitent principalement.

Pendant le cours, ne vous contentez pas de ces informations, mais observez également les points sur lesquels vos professeurs s'attardent, les termes qu'ils répètent ou les mots qu'ils soulignent particulièrement - en bref, décodez et analysez le comportement et les propos de vos professeurs. Nous vous conseillons de réfléchir à un petit système de signes qui vous permettra de mettre en évidence les points importants de vos notes. Cela vous permettra de mieux comprendre quels contenus sont mis en avant et de quelle manière, et vous pourrez ainsi vous préparer de manière plus adaptée à l'examen. Un dernier conseil : notez dans la marge de vos notes toutes les questions concrètes et les exercices courts qui sont posés ou discutés. Cela vous indiquera le style de questions du professeur et vous permettra de vous y adapter. En outre, vous pouvez facilement créer votre propre examen blanc à partir des questions que vous avez collectées, ce qui vous aidera à vous préparer à l'examen.

Nouez des **liens avec vos camarades de classe**.

Cela peut sembler contradictoire au premier abord : comment puis-je mieux me concentrer si je suis assis en train de bavarder avec mes amis en cours ? Mais il s'agit avant tout de votre vie, qui se déroule en dehors des séminaires et des cours. Bien sûr, il est plus agréable d'étudier en sachant que vous allez rencontrer vos amis, mais vous pouvez tirer d'autres avantages en créant un réseau de personnes qui travaillent quotidiennement sur les mêmes sujets que vous ou sur des sujets similaires. Un tel groupe - ou même quelques personnes seulement - peut s'entraider en se réunissant pour étudier ou travailler ensemble.

De plus, vous aurez des personnes vers qui vous tourner si vous avez besoin d'aide. Vous avez du mal à étudier pour un cours particulier, à comprendre un concept spécifique ou même à trouver une structure appropriée pour vos études quotidiennes ? Parlez-en.

Il y a de fortes chances que d'autres personnes aient elles-mêmes pris connaissance de vos problèmes et que vous puissiez trouver des solutions ensemble. Vous ne savez pas comment se déroule une procédure particulière à l'université ou vous avez besoin de littérature secondaire sur un certain sujet le plus rapidement possible ?

Peut-être que l'un de vos camarades s'y est déjà

intéressé ! Enfin, un tel réseau est également un bon moyen de veiller les uns sur les autres, de se contrôler et de se construire. Si vous savez que vos amis sont en train de réviser pour cet examen, vous vous sentirez beaucoup plus responsable de ne pas vous mettre en travers de leur chemin et de les suivre. D'ailleurs, un tel groupe ne doit pas nécessairement se réunir tous les jours au restaurant universitaire ou dans un amphithéâtre. Vous pouvez aussi chercher en ligne des groupes sur les réseaux sociaux qui ont un quotidien similaire au vôtre et qui partagent votre intérêt pour votre domaine d'études.

Concevoir des notes

Vous êtes assis dans l'une des premières rangées du cours, vous avez à côté de vous vos amis avec lesquels vous allez ensuite revoir la matière, vous écoutez activement le professeur - mais comment prenez-vous des notes ? Il existe bien sûr différentes méthodes : du numérique à l'écriture manuscrite ; des points de repère succincts aux dessins symboliques et aux phrases détaillées. Bien entendu, vous devez observer et analyser quel est le style le plus approprié pour vous et pour l'événement en question. Néanmoins, certains points sont toujours utiles.

Même si cela peut paraître désuet, **écrivez à la main**. Le processus physique vous aide, vous et votre cerveau, à interagir plus activement avec les informations et, au final, à les mémoriser. De plus, l'écriture manuscrite a l'avantage de vous permettre de reformuler, de compléter et de gérer plus librement vos notes.

Il est difficile d'insérer vos propres notes ou images dans un document numérique en même temps que le cours, de sorte que vous nierez complètement ces interactions avec la matière qui vous aident à la mémoriser. Si vous êtes réticent à l'idée de travailler principalement avec un papier et un stylo, préparez au moins une feuille sur laquelle vous pourrez noter brièvement vos pensées, vos questions ou les termes pertinents des sujets abordés.

Dès le début, tenez vos **notes de manière à ce qu'elles constituent la base de votre préparation à l'examen**. Vous ne devez pas vous contenter de noter ce qui a été dit. Cela signifie que vous devez réfléchir à l'avance à un système de titres et de repères. Voulez-vous numéroter, classer par couleur, utiliser différents types de soulignement ? Une petite réserve de caractères peut également s'avérer très utile. Vous pouvez ainsi marquer de manière cohérente et claire les notes qui contiennent des exemples, des terminologies ou des concepts clés. Ces points doivent être mis en évidence d'une certaine manière, soit directement pendant le cours, soit lors de la révision de vos notes.

Il est également possible d'utiliser la première page de vos notes comme **table des matières**. Vous pouvez y inscrire au fur et à mesure comment les sujets sont classés et où ils peuvent être retrouvés. Les numéros de page sont utiles, mais pas indispensables.

Prenez des notes en marge, comme décrit précédemment. Suivez attentivement le cours et notez, par exemple, les points sur lesquels l'accent est mis. Il est très probable qu'il s'agisse d'un terme de base, d'une formule essentielle, d'un sujet important ou d'un concept pertinent. Vous devez également noter les questions posées par l'enseignant. Notez également les points que vous n'avez pas compris. Il vous sera plus facile de poser ces questions après la séance ou lors de la consultation que si vous devez vous en souvenir ou si vous vous rappelez juste avant l'examen qu'un sujet n'était pas clair.

En fin de compte, vous pouvez parfaitement utiliser les mises en évidence et les notes en marge précédentes pour vous préparer à l'examen. Créez un **petit carnet d'apprentissage**. Au cours du semestre, travaillez sur un aperçu du cours en question sous forme de points. Il peut s'agir uniquement des titres structurés des sessions. Vous pouvez également ajouter des faits ou des terminologies clés. Modifiez cet aperçu de manière à ce qu'il devienne votre guide pour la planification de la préparation de l'examen.

... pour l'auto-apprentissage

La session est terminée. Que se passe-t-il maintenant pendant le temps dont vous pouvez disposer vous-même ?

Créer des habitudes efficaces

S'il y a une chose que vous devez retenir, c'est ceci : construisez une bonne routine. Voici des actions générales et quotidiennes que vous pouvez faire pour rendre vos études plus réussies. Certaines de ces choses peuvent vous sembler familières à partir de ce que nous avons traité précédemment. Elles sont ici partiellement résumées.

Les activités générales comprennent d'abord votre relation avec les études. Préférez travailler **de manière constante** plutôt que de trouver des solutions rapides qui ne feront que vous faire consommer plus d'énergie à long terme.

Restez **organisé**. Créez un environnement qui vous motive à étudier, par exemple en impliquant vos camarades de classe ou vos amis dans vos objectifs et les moyens d'y parvenir.

Cela crée une sorte de **responsabilité sociale dans** laquelle vous n'êtes plus exclusivement livré à vous-même. Ces groupes permettent **également d'analyser** et de réfléchir à la **matière**. Si vous vous amusez avec le contenu, il vous sera beaucoup plus facile de vous en souvenir. **Abordez activement les nouvelles connaissances** en effectuant, le cas échéant, des recherches indépendantes sur des concepts spécifiques dans différents médias. Vous serez étonné par le nombre de graphiques et de vidéos explicatives disponibles en libre accès sur Internet. Cela rendra également le contenu plus accessible, plus facile à comprendre et à retenir. De plus, vous devez veiller à vous **maintenir en forme**. La pratique régulière d'un sport vous aidera à rester plus alerte et plus actif, mais une activité physique légère, comme la marche, améliore également votre concentration et votre capacité de mémorisation. La prochaine fois que vous vous sentirez fatigué, sortez dix minutes et reprenez le travail en étant revigoré.

En outre, il est utile d'entraîner également votre cerveau et de ne pas l'utiliser uniquement pour la matière des cours. Recherchez une stimulation douce pendant votre temps libre, que ce soit des sudokus, des livres ou autre chose. Cependant, des pauses sont également nécessaires. Veillez à ce que votre sommeil soit sain et ininterrompu à la fin de la journée. Des temps de repos et de rêve fixes facilitent d'une part le quotidien routinier et vous rendent d'autre part plus performant à long terme.

Concrètement, lorsqu'il s'agit d'apprendre et de réviser un contenu, il est important de se remémorer les **nouvelles connaissances dans les 24 heures qui suivent leur** traitement. Cela peut prendre différentes formes. Vous pouvez par exemple en parler avec des amis, relire vos notes ou reporter les points déjà acquis sur votre tableau de bord. C'est à vous de décider. L'essentiel est de revoir la matière tant que le souvenir de la session est encore frais. Essayez également d'**apprendre en fonction du contexte**.

Cela signifie que vous créez des déclencheurs spécifiques pour l'acquisition attentive des connaissances. Cela peut se traduire visuellement par un environnement d'apprentissage similaire, par exemple en disposant vos sous-mains et autres supports de la même manière sur votre siège.

Vous pouvez également modifier cette structure à votre guise en fonction du cours, puis la répéter à la maison lorsque vous étudiez les séances concernées.

De plus, vous devez **réviser** les **connaissances** acquises **dans différents endroits**. Cela peut sembler contradictoire avec le point précédent, mais il s'agit de se souvenir de la matière dans différentes situations et de différentes manières. Ainsi, votre cerveau n'associera pas le contenu à une simple assise dans un amphithéâtre, mais intériorisera le fait que vous voulez interagir avec lui. L'utilisation fréquente des connaissances signifie qu'elles seront mieux mémorisées et plus rapidement accessibles. Veillez simplement à vous accorder des temps de repos ! Travaillez constamment sur votre **tableau de bord** et vérifiez où vous en êtes et ce qu'il vous reste à faire en même temps que votre **plan de préparation à l'examen, et** ce non pas seulement la semaine précédant l'examen, mais tout au long du semestre.

Lorsqu'il s'agit de se préparer concrètement à l'examen, soyez aussi actif que possible. **Entraînez-vous à répondre à des questions en** faisant autant d'examens blancs que possible. Rédigez vos propres tests si nécessaire. Repensez aux problèmes traités et vérifiez si vous obtenez les mêmes résultats. Demandez à votre entourage de vous poser des questions spécifiques sur la matière étudiée et voyez dans quelle mesure vous pouvez expliquer des concepts librement et de manière cohérente. En bref, exposez-vous aux examens et aux erreurs possibles avant la date fatidique.

Les rituels que vous pouvez faire chaque jour sont

• **Feuilleter** les **deux mois à venir dans votre agenda**. Vous êtes ainsi sûr de ne rien manquer et de ne pas vous rendre compte trop tard qu'une échéance particulière est beaucoup plus proche que vous ne le pensiez.

• **Lire** les **notes des cours du jour**. Vous pouvez déjà vous poser les premières questions, marquer l'essentiel ou reprendre des points dans votre récapitulatif de formation.

• **Organiser et structurer** les **prises de notes**. Plusieurs feuilles à moitié écrites s'accumulent à nouveau dans votre bloc-notes ? Prenez cinq minutes par jour pour classer votre matériel et le garder propre et ordonné afin qu'il soit prêt au début de votre préparation à l'examen.

• **Travailler activement** la **matière**. Faites des exercices. Utilisez des couleurs pour marquer les points. Ajoutez des notes. Pratiquez une lecture active. Posez des questions. Dans la section *Apprendre à apprendre,* nous examinerons plus en détail certaines des techniques que vous pouvez utiliser.

Optimiser les phases de travail

Pour construire efficacement vos blocs de travail, trouvez un ou plusieurs **lieux de travail** fixes qui **ne servent qu'au travail**. Votre lit ou votre canapé sont associés à la détente et aux loisirs, évitez donc ces endroits où il se passe habituellement autre chose. Comme décrit ci-dessus, vous pouvez organiser votre matériel d'une certaine manière afin de créer des déclencheurs de travail.

En outre, vous devez vous fixer un certain rythme d'activité/pause. Pour cela, vous pouvez utiliser la **technique de Pomodoro**. Dans ce qui précède, nous avons souvent mentionné des périodes de travail d'environ une demi-heure. Cela s'explique par le fait que c'est à peu près la durée pendant laquelle les gens peuvent se concentrer. Au-delà de cette durée, leur énergie diminue considérablement et ils sont beaucoup plus facilement distraits.

Si les phases de travail sont trop longues, vous serez de moins en moins productif au fur et à mesure que vous passerez du temps sur une tâche. Le problème est que même lorsque vous faites une pause, vous reprenez à un niveau d'énergie inférieur à celui du début du bloc. Avec la méthode Pomodoro, vous faites une pause à chaque fois que votre concentration diminue, et vous gardez ainsi votre niveau d'énergie au même endroit. Travaillez toujours pendant 25 minutes d'affilée, puis faites une pause de 5 minutes. Pendant cette phase de récupération, vous devez pouvoir vous éloigner de votre poste de travail et vous détendre. Répétez cette séance quatre fois, de sorte que vous ayez travaillé deux heures à la fin.

Après ces deux heures, vous avez bien mérité une pause plus longue. Pour cela, pensez peut-être à une petite récompense comme une discussion avec votre colocataire, un bon repas ou une petite sieste.

Apprendre à apprendre

La préparation d'un examen est souvent associée à des heures et des heures passées à lire et relire des notes, des transparents et des notes, dans l'espoir de les restituer fidèlement à la fin. Il existe pourtant des méthodes bien plus efficaces et personnelles pour acquérir, relier et mémoriser des connaissances.

Lorsque vous apprenez, vous devez toujours **jouer un rôle actif**. Ne vous contentez pas d'assimiler des mots, mais posez-vous d'abord des questions sur le contenu. Que faut-il comprendre et retenir exactement ? Il ne peut s'agir que de deux types d'informations : Les faits ou les concepts.

Les faits doivent simplement être mémorisés. Les concepts sont souvent plus importants à comprendre. Vous devez être en mesure de les reformuler dans vos propres mots, en utilisant la terminologie appropriée. Développez ce dont il s'agit fondamentalement. Classez les différents faits et nouveaux concepts par rapport à ce que vous savez déjà. Par exemple, existe-t-il des liens entre les idées ? Essayez d'affiner vos connaissances et de les rendre plus claires en les reliant à votre vie quotidienne et en cherchant des exemples concrets dans la vie réelle qui peuvent être expliqués par ce que vous avez appris.

Faites appel à **différents stimuli de manière créative**. Utilisez des images, des photos ou des cartes mentales. Si vous aimez les mélodies de mots, formez des rimes ou recherchez des mots qui sonnent comme les termes que vous voulez mémoriser. Imaginez des histoires aussi courtes et farfelues que possible parmi la liste de terminologies que vous souhaitez apprendre. Pour apprendre des faits, vous pouvez également utiliser des moyens mnémotechniques ou des acronymes dans lesquels des lettres raccourcissent votre liste de faits ou de longs noms. Tout le monde a déjà entendu "Sept, cinq, trois - Rome sort de l'œuf" en cours d'histoire. Des noms compliqués comme European community action scheme for the mobility of university students peuvent être plus facilement mémorisés avec l'abréviation ERASMUS.

De plus, **les déclencheurs d'apprentissage** peuvent être une bonne méthode pour prendre régulièrement conscience de contenus difficiles à mémoriser. Pour créer de tels déclencheurs chez vous, commencez par observer votre comportement. Quels sont les endroits où vous vous trouvez souvent ? Quels sont les objets que vous tenez souvent à la main ? Où regardez-vous souvent ? Réfléchissez ensuite au comportement ou à l'information à déclencher.

Pour finir, il s'agit de faire preuve de créativité et de préparer les déclencheurs. Commencez par prendre un thé le matin à la table de la cuisine et souhaitez vous rappeler plus régulièrement vos rendez-vous ? Le soir, placez votre planificateur juste à côté de votre tasse de thé. Vous avez une liste de dates à étudier pour un cours ? Collez-la sur le miroir de la salle de bain, à hauteur des yeux. Persévérez et ajustez vos déclencheurs si vous vous rendez compte qu'ils ne fonctionnent finalement pas comme vous le souhaitez.

Testez-vous, quel que soit le stade de votre préparation à l'examen : le plus tôt sera le mieux. Résumez ce que vous avez appris. Essayez de l'enseigner à quelqu'un. Faites des exercices. Utilisez des fiches. Mettez de côté vos notes et rappelez-vous ce que vous avez lu. Si vous préférez écrire, vous pouvez aussi noter tout ce qui vous vient à l'esprit, de manière non structurée, et le comparer ensuite avec vos notes.

Retenir les matières désagréables

Il y a toujours des sujets que vous n'avez pas du tout envie d'aborder - c'était le cas à l'école, il en sera de même à l'université. Suivez les étapes suivantes pour vous rendre le travail sur ces matières plus agréable :

• Découvrez pourquoi vous n'aimez pas le sujet. Est-ce le contenu ? Est-ce parce qu'il vous semble être une liste interminable de faits ? Vous ne voyez pas la pertinence pour vos études ? Ou est-ce que l'esthétique du matériel d'accompagnement de l'événement vous dérange en général ?

• Pour ces raisons, formulez des problèmes avec une solution possible que vous pouvez aborder de manière réaliste : "Pour le sujet X, je vais demander à mon professeur en quoi cela peut influencer mes études. Pour le sujet Y, je vais me demander comment apprendre des faits encore plus facilement", et ainsi de suite.

• Restez organisé et gardez votre matériel propre et bien rangé. Peut-être le rendre particulièrement beau pour qu'il vous semble plus accueillant ?

• Commencez à aborder le sujet en douceur. Vous n'avez pas besoin d'insérer immédiatement un énorme bloc de travail dans lequel vous passerez en revue ce cours encore et encore. Faites de petits pas. Commencez par planifier votre travail. Soulignez et surlignez dans vos notes. Notez vos premières questions.

• Recherchez les pages du sujet qui vous intéressent. Trouvez des films qui ont un rapport lointain avec le sujet. Téléchargez des applications avec des jeux éducatifs sur le sujet. Créez un quiz avec des amis sur les termes clés.

• Faites en sorte de vivre des expériences positives en vous y consacrant. Créez un environnement calme et confortable ou, par exemple, imaginez une petite récompense pour après.

• Soyez constant dans vos efforts. Faites-en un peu, mais régulièrement.

• Cherchez de l'aide. Si vous n'arrivez pas à vous en sortir, si vous ne trouvez rien de positif dans le sujet, contactez vos amis, vos camarades de classe ou le personnel enseignant. Il y aura toujours un moyen de résoudre le problème !

TROP DE CHOSES A LIRE

Vous avez créé des routines qui fonctionnent, rédigé des listes de choses à faire par ordre de priorité et organisé vos blocs de travail selon la méthode Pomodoro, et pourtant vous ne parvenez pas à vous frayer un chemin efficace à travers la montagne de littérature secondaire ? Vous avez suivi un cursus intensif en lecture, si bien que vous ne pouvez même pas penser à la littérature secondaire tant les sources primaires sont nombreuses ?

Ou vous avez un devoir à rendre sur un sujet que vous n'avez pas encore abordé ? Dans cette partie, nous allons vous donner quelques techniques qui devraient vous permettre de lire plus rapidement des piles de livres. Nous distinguons ici les stratégies de lecture et les techniques de lecture. Les stratégies de lecture sont des procédures qui décrivent principalement la manière d'aborder un texte. Les techniques de lecture concernent la manière dont le processus de lecture se déroule réellement.

Stratégies de lecture

Quel que soit le type de texte que vous souhaitez aborder, vous devez toujours préparer le processus de lecture. Outre une planification concrète du temps et du choix du texte, vous devez réfléchir précisément aux informations que vous souhaitez obtenir par la lecture. Quel est votre objectif ? Voulez-vous simplement compiler une bibliographie pour votre devoir à venir ? Voulez-vous comprendre les points essentiels du texte ? Ou souhaitez-vous avoir saisi et réfléchi à tous les détails ? Choisissez ensuite la technique la plus adaptée à vos besoins, en fonction de votre objectif. Travaillez sur les textes et réfléchissez ensuite à l'aide de vos notes pour savoir si vous avez trouvé les réponses à vos questions.

Lire la synthèse

L'objectif de cette stratégie de lecture est de parcourir rapidement les textes tout en recherchant des informations précises, par exemple si la monographie que vous avez entre les mains peut servir de source pour une dissertation. Il suffit donc de saisir la structure et les grandes lignes du contenu.

En outre, la lecture de synthèse devrait être la première étape si vous savez déjà que vous allez étudier une partie spécifique d'un livre. La lecture de synthèse vous aide à classer les fragments dans un réseau d'informations. Pour ce faire, commencez par observer les caractéristiques les plus marquantes du texte.

De quoi parle le matériel ? Examinez le titre, l'auteur, la quatrième de couverture et la table des matières. Comment le texte est-il structuré ? Ensuite, parcourez l'ensemble du texte. Comment est-il structuré ? Comment se présente-t-il ? Y a-t-il un abstract qui précède le texte et le présente brièvement ? Quels sont les intertitres ? Y a-t-il des graphiques ou des photos ?

Les points pertinents sont-ils surlignés ou résumés dans des encadrés ? N'hésitez pas à prendre de brèves notes pour savoir si le texte est prometteur ou s'il soulève déjà des questions. Cela vous permettra de savoir plus tard quels textes vous avez jugés inappropriés. Regardez le suivant ou restez sur le matériel d'origine et travaillez-le avec la technique de lecture appropriée.

Lecture d'extraits

Sans vous en rendre compte, vous avez déjà appliqué le principe de Pareto à la lecture de synthèse. Appelé également règle des 80-20, il décrit - dans le cadre d'un travail sur un texte - qu'environ 80 % du contenu se trouve dans 20 % du texte[2] . Ainsi, la lecture d'extraits est en quelque sorte une continuation de la lecture de synthèse. Elle est particulièrement adaptée à la rédaction d'articles, mais peut également être appliquée aux livres. La première étape consiste à lire entièrement le premier et le dernier paragraphe de l'article.

Pour les publications plus longues, comme les monographies, cela correspondrait au premier et au dernier point d'un chapitre. Dans une sorte d'introduction et de conclusion, on peut déjà y trouver la structure, les thèmes centraux et les conclusions les plus pertinentes du texte.

Si cela ne correspond pas du tout à ce que vous recherchez, vous pouvez mettre l'article de côté à ce stade. Mais s'il convient, la deuxième étape consiste à lire la première phrase de chaque paragraphe du texte. Vous y trouverez des informations plus précises et des mots-clés. Vous pouvez également surligner les paragraphes les plus intéressants.

Vous avez maintenant une idée suffisamment précise du texte et savez de quoi il traite en grande partie. Peut-être ces informations sont-elles suffisantes pour

---

2 Cf. Werner Heister : Étudier avec succès. Effizientes Lernen und Selbstmanagement in Bachelor-, Master- und Diplomstudiengängen. Stuttgart : Schäffer-Peoschel Verlag 2007, p. 55.

vous ? Sinon, vous pouvez soit lire les paragraphes sélectionnés, soit relire le texte dans son intégralité. L'avantage et l'objectif de cette stratégie sont que vous n'avez pas besoin de lire tout le texte, ce qui vous fait gagner beaucoup de temps.

Lecture active

La lecture active peut presque être considérée comme une technique de lecture, mais elle décrit plutôt une approche du processus de lecture en se concentrant sur l'interaction avec le texte. Elle est particulièrement adaptée si vous souhaitez étudier les textes avec minutie, car elle peut augmenter votre concentration et votre capacité à vous concentrer. Comme pour différentes techniques d'apprentissage, cette stratégie de lecture consiste à faire appel à davantage de sens par une action physique et à augmenter ainsi votre attention. Voici trois méthodes qui vous permettront de lire plus activement :

• Résumez le texte : Lisez un paragraphe à la fois. Lorsque vous avez terminé le paragraphe ou que vous remarquez que vos pensées s'éloignent du texte, résumez ce paragraphe juste à côté, dans la marge. Cela peut être un mot ou un point entier. Il est important que vous réfléchissiez directement au processus de lecture et que vous décomposiez le texte pour vous-même. Ces notes en marge peuvent également servir plus tard à structurer vos notes, mais elles ne servent en fait qu'à vous permettre d'interagir avec le texte.

• Répétition instantanée : il s'agit ici aussi d'être plus actif en écrivant. Cette méthode est particulièrement adaptée à la mémorisation de faits. Lisez vos points clés ou filtrez ceux d'un texte. Prenez ensuite une feuille de brouillon et essayez de reproduire cette sorte de liste. Notez tout ce dont vous vous souvenez. Vous pouvez le faire de manière désordonnée. L'essentiel est que votre sens du toucher soit impliqué par le mouvement. Maintenant, vérifiez à l'aide du texte et ajoutez ce dont vous ne vous êtes pas souvenu. N'hésitez pas à faire cet exercice plusieurs fois de suite pour vous aider à mémoriser les faits.

• Analyse visuelle : cette méthode vous permettra de parcourir plus facilement les textes. Elle peut être utilisée pour la littérature, mais aussi pour vos notes ou les diapositives du professeur. Lisez et modifiez vos documents au fur et à mesure. Peignez les différents sujets avec des couleurs correspondantes. Dessinez de petites images à côté pour illustrer le sujet traité dans la vie quotidienne. Réfléchissez à un système de dessin qui vous permettra de marquer les points importants dans la marge. C'est à vous de faire preuve de créativité.

Techniques de lecture

Cette section aborde brièvement trois techniques de lecture que vous pouvez utiliser pour réellement lire un texte en entier. Ces techniques sont : le survol, le saut et la lecture rapide. Ces trois techniques ont pour but de vous permettre de ne pas perdre de temps et de concentration en lisant votre document mot à mot dans votre tête à haute voix.

Survol

Le survol consiste essentiellement à faire défiler le texte devant vos yeux et à en extraire les éléments saillants. Par exemple, vous pouvez faire glisser votre regard sur la page et le diriger vers différents éléments, comme les noms utilisés. Focalisez-vous sur ces derniers. Une compréhension s'en dégagera. Une autre façon de survoler le texte est la technique du slalom. Elle s'apparente à la stratégie de lecture des paragraphes. Ici aussi, vous survolez les lignes, mais vous lisez plus attentivement le début et la fin de chaque paragraphe.

Technique de saut

Étant donné que nos yeux ont de toute façon du mal à se déplacer de manière fluide par eux-mêmes, la technique du saut permet de lire plus efficacement[3] . Il s'agit de réduire au maximum le nombre de mises au point nécessaires à chaque ligne pour l'enregistrer.

Choisissez d'abord votre distance par rapport au texte de manière à pouvoir saisir plusieurs mots en une seule mise au point. Pour cela, il est utile de ne pas placer le premier point de focalisation tout au début de la ligne et le dernier avant la fin réelle de la ligne. L'objectif est maintenant de pouvoir lire une ligne avec deux ou trois fixations. Pour vous entraîner, vous pouvez par exemple tracer des traits droits au crayon sur la page si vous ne le souhaitez pas, ou encore utiliser une aide à la lecture comme complément. Prenez un objet fin et long et tapez sur la feuille à l'endroit où vous voulez faire la mise au point. Une baguette, par exemple, peut servir d'aide à la lecture très simple.

---

[3] Cf. Tony Buzan : Speed Reading. Lire plus vite, comprendre plus, retenir mieux. 6e édition. Munich : Wilhelm Goldmann Verlag 2007, p. 66 et suivantes.

Lecture rapide

Le speedreading vous permet d'augmenter votre vitesse de lecture générale. Lisez toujours un peu plus vite que vous ne le feriez de vous-même. Là encore, l'aide à la lecture est utile pour faciliter la coordination de vos yeux.

C'est une nécessité absolue. En outre, il est fortement conseillé de s'entraîner à l'aide d'un métronome. Vous pouvez également trouver des métronomes gratuits et numériques sur Internet ou sous forme d'application.

Glissez maintenant sur les lignes en suivant cette mesure avec votre aide à la lecture. Vous pouvez commencer une nouvelle ligne à chaque fois que le métronome sonne. Augmentez le rythme au fil du temps. Il existe même une méthode d'entraînement plus spécifique dans laquelle vous augmentez délibérément le tempo du métronome bien au-delà de ce que vous pouvez encore comprendre. Cela produit l'effet d'une sortie d'autoroute. La vitesse dans la ville, qui vous semblait rapide avant de prendre l'autoroute, semble soudain beaucoup plus lente. Lisez pendant un moment, puis ralentissez à nouveau le métronome. Vous pouvez par exemple relire le passage sur lequel vous venez de travailler. Vous remarquerez qu'il vous est soudain beaucoup plus facile de lire rapidement.

Dix étapes pour mieux réussir ses études

Que devez-vous absolument retenir de ce livre ? Voici un plan en dix points qui vous permettra de trouver un meilleur équilibre dans vos études.

- Considérez vos études comme votre travail et prenez des décisions réfléchies.
- Créez des habitudes et des routines réalistes plutôt que de recourir à des solutions rapides.
- Aménagez un espace de travail adapté à vos besoins,

qui sera principalement utilisé pour vos études.

• Faites des plans de travail et d'apprentissage en temps voulu, avec des objectifs concrets et réalisables.

• Installez-vous au premier rang pour augmenter votre activité.

• Posez-vous des questions lorsque vous abordez un sujet.

• Créez un tableau d'apprentissage pour être prêt avant de devoir l'être au plus tard.

• Nouez des contacts liés à l'université et recherchez des personnes partageant les mêmes idées.

• Travaillez avec la technique Pomodoro et récompensez-vous.

• Utilisez des stratégies d'apprentissage et de lecture et adaptez-les à vos mécanismes.